Roswitha Schieb

BERLINER WITZ

BeBra Verlag

Inhalt

Der Berliner Witz

Ist der Berliner Witz verletzend? Nein, er ist schnell, scharf, intelligent, übertreibend, fantasievoll, pointiert. Ist der Berliner Witz tot? Nein, er ist unverwüstlich, ja unsterblich. Schon seit fast dreihundert Jahren unterliegt der Berliner Witz immer wieder Konjunkturen, wird totgesagt, nimmt an Fahrt auf in verwandelter Gestalt, wird erneut zurückgedrängt, bekrabbelt sich und ist lebendig – bis heute. Er hat bislang alle Zeiten rasanter demografischer Umwandlung, an denen Berlin so reich ist, überstanden und blitzt in einer Zeit, in der man mittlerweile in manchen Läden oder Restaurants auf Englisch bedient wird, an verschiedensten Stellen der Stadt auf: auf originellen Ladenschildern und in Friseurnamen, auf Märkten, in Taxis, in Traditionskneipen, die wider Erwarten doch noch existieren, und nicht zuletzt auf den Berliner Kabarett- und Comedy-Bühnen.

Da Berlin historisch gesehen durch Zuzug und Einwanderung groß geworden ist, sind nicht nur in den ursprünglich niederdeutschen Berliner Dialekt französische, jiddische und slawische Wendungen eingeschmolzen. Auch der spezifische Berliner Witz verdankt seine Schärfe und seine Selbstironie jüdischen Einflüssen und das spielerische Wörtlichnehmen der Sprache schlesischen Zuwanderern. Aus dieser Melange entwickelte sich das typische Berlinertum, dem der Hang zum Auftrumpfen und zu originellen Widerworten, zur Vermischung von hohem und niedrigem Stil, zu entfesselten Übertreibungen, Gefühlsverspottung und zu einer Fülle von Synonymen, vor allem fürs Trinken und für Schlägereien, zu eigen ist.

Tatsächlich entwickelte sich im 18. Jahrhundert aus der Tradition willkürlicher Prügel unter dem Soldatenkönig nicht nur die Volksbelustigung der öffentlichen Keilereien, die sich noch im Lied »Bolle reiste jüngst zu Pfingsten« erhalten hat, sondern mit der Zeit auch die verbale Schlagfertigkeit. Erst um 1750 begann sich der Berliner Witz langsam zu regen, und zwar am Hofe unter Friedrich dem Großen, im Bürgertum und im Volk gleichermaßen. In der Zeit des Biedermeier und des Vormärz gelangte er dann zu einer ersten Blüte. Die originellen Schimpfkanonaden und verbalen Übertreibungen von Obsthökerinnen, Guckkästnern, Eckenstehern und anderen Vertretern des Berliner Volkes sind meisterhaft in Adolf Glaßbrenners Dialogen aus der Mitte des 19. Jahrhunderts festgehalten. Vor allem den Hökerinnen mangelt es an duldsamer Servilität. Wird vonseiten der Kundschaft auch nur die kleinste Kritik am Feilgebotenen laut, fällt die dünne Tünche der Dienstbeflissenheit ab, die Hökerinnen reagieren wie von der Tarantel gestochen aggressiv und eine Schimpfkanonade originellster Beleidigungen ergießt sich über den armen Kunden, über »det Jemensche«, dem die fantasievollsten Wortarabesken wie Ohrfeigen entgegenklatschen: »Er langbeeniger Kranich! (…) Er spillrijet Jerippe (…), so'n Schatten von Mannsperson! (…) I Er Gespenst! Em blase ick ja durch seine durchsichtige Knochen in die Höchte, det Er verhungern soll in de Luft, (…) Er abjemerjelter Menschensplitter! (…) Er zweebenije Distel, (…) von oben bis unten wie'n hohler Zahn (…). Nehm' Er sich doch Kiessand und schaure (scheure) Er sich reene, damit nischt von Em übrig bleibt! Er abjeknabberte Kälberpote, laß Er sich do(r)ch zu Leim kochen und en Stiebelknecht mit sich zusammenkleben, damit er doch zu etwas nutze ist! (…) Er abjerissene Polizeiklinke!«

Nach einem Tiefstand des Berliner Witzes um die Mitte des 19. Jahrhunderts waren es ab 1848 vor allem jüdische Schlesier wie Karl von Holtei, der die komische Figur des »Nante Eckenstehers« ersann, oder David Kalisch und Ernst Dohm, die durch brillante sprachspielerische Possen und vor allem durch das wortwitzig-funkelnde Satiremagazin »Kladderadatsch« »ganz Deutschland vorm Einschlafen geschützt« haben, wie Karl Gutzkow anerkennend sagte. Auch aus Adolf Glaßbrenners Feder stammen einige humorvolle Nante-Dialoge:

»Aktuarius: Geboren?

Nante: Ja, jeboren bin ick. Je suis. Entschuld'jen Sie, wenn ick manchmal en bissken Französisch unter meine Reden jieße. (…)

Aktuarius: Was war Er, bevor er Eckensteher wurde? (…)

Nante: Nun überließ ick mir selber und studierte Straße, zettadier: ick wurde Straßenjunge.«

Aufgrund der immer stärker einsetzenden Industrialisierung waren es ganze Menschenströme, die aus allen Provinzen nach Berlin kamen, von Heinrich Zille ebenso sozialkritisch wie komisch mit dem Zeichenstift festgehalten. Der Spruch »Jeder zweite Berliner ist Schlesier«, der am Ende des 19. Jahrhunderts aufkam, zeigt, dass die meisten Zugezogenen aus eben jener preußischen Provinz stammten, von wo sie nicht nur ihre sprachspielerische Ader, sondern auch Herz und Seele mitbrachten.

Dem massiven Antisemitismus dieser Zeit gelang es glücklicherweise nicht, den hochintelligenten, geistreichen jüdischen Witz zu verdrängen, der bis 1933 zu der einzigartigen berlinisch-jüdischen Symbiose beitrug. So sind vom Berliner Urgestein Max Liebermann etliche witzige Repliken überliefert. Als ein Künstler seinen ersten Orden stolz präsentierte, antwortete der berühmte Maler der Berliner Secession, der von Orden nicht viel hielt: »Passen Se uff! Jetzt kommen noch mehr. Wo ein Hund hinpißt, da pissen alle hin!« Wie selbstironisch Liebermann sein konnte, zeigt sich in seiner Reaktion, als er bei einer Tombola den ersten Preis gewonnen hatte, einen echten Liebermann. Enttäuscht und belustigt betrachtet er sein Werk und bemerkt: »Wenn ick det jewußt hätte, hätte ick mir zu wat Besserem uffjeschwungen.« Als Liebermann in den späten 1920er Jahren den berühmten Chirurgen Ferdinand Sauerbruch porträtierte, erklärte dieser nach einiger Zeit ungeduldig: »Können Sie sich nicht ein bißken beeilen? Ick muß in die Charité – und bei Ihrer Arbeit kommt es ja nicht so drauf an.«

»Saren Se det nich«, antwortet Liebermann, »wissen Se – wat Sie vermurksen, deckt der jriene Rasen. Wat ick mache, kommt ins Museum.«

Auch in den Zwanzigerjahren waren es viele jüdische Kabarettisten und Satiriker, die den Berliner Witz in Kabaretts und pointierten Chansons aufblühen ließen. So ersann Kurt Tucholsky die Figur des neureichen Inflationsgewinnlers Raffke, die dann als Witzfigur ein Eigenleben zu führen begann. So war der neureiche, prahlerische Raffke einmal zur Zeit des sozialen Elends nach Kriegsende bei einem großbürgerlichen Bekannten zu Besuch, der mit Blick auf seine Bildersammlung sagt: »Ich habe das ganze Haus voll Niederländer.« »Is ja scheußlich, diese Wohnungsnot! Könn' Se die Leute denn nich in Baracken untabring'n lass'n?« Raffke selbst wohnt in einer repräsentativen, um nicht zu sagen protzigen Villa, über deren Eingangsportal »A. D. 1922« eingemeißelt ist, was Raffke ohne mit der Wimper zu zucken mit »Aus Devisen 1922« übersetzt. Da er sich in seinem Haus auch mit Kulturgütern schmückt, kann Frau Raffke ihrer Bekannten Frau Neureich erzählen: »Unsere Wohnung ist voller Tizians.« Darauf die Bemerkung: »Könn' Se denn nich mal 'n Kammerjäger komm'n lassen?«

In den Zwanzigerjahren schrieb Friedrich Hollaender geistreiche Chansons und »det kleene freche Aas« Claire Waldoff wurde zur singenden »dollen Bolle« von Berlin. Auch Egon Erwin Kisch, der rasende Reporter aus Prag, kam nach Berlin, wo er sich schnell als sehr schlagfertig erwies. So wurde Kisch im »Café Größenwahn« vom Reiseschriftsteller Collin Ross, der dem aufkommenden Faschismus nahestand, mit den Worten begrüßt: »Guten Abend, Herr Kitsch!« Kisch aber lächelte freundlich zu seinem Widersacher hinüber und erwiderte herzlich: »Guten Abend, Herr Rotss! Anbei das ›t‹ zurück!«

Neben den mehr oder weniger kritischen Flüsterwitzen während der NS-Zeit erfreute sich die doppelbödige Wortakrobatik des Kabarettisten Werner Finck großer Beliebtheit. Als nach der anfänglichen Begeisterung der Deutschen zu Beginn des Zweiten Weltkriegs die Siegesmeldungen dann spärlicher wurden und immer mehr auszubleiben begannen, kursierten verschiedene Sprüche, die die wachsende Unzufriedenheit der Bevölkerung zeigen. So hieß es, als sich während des Krieges die ersten Einsparungsmaßnahmen bemerkbar machten: »Goebbels will jetzt alle Zeitungen eingehen lassen. Er hat eine eigene gegründet. Sie heißt ›Die Schnauze‹. 70 Millionen halten sie schon.« Die sich mehrenden militärischen Niederlagen wurden allerdings propagandistisch zu verschleiern versucht, worauf folgender Witz Bezug nimmt: Was ist der Unterschied zwischen einem Volksempfänger und einem Großradio? Mit dem ersten hört man »Deutschland über alles«, mit dem andern alles über Deutschland.

Der schwindende Glaube der deutschen Bevölkerung an die NS-Propaganda zeigt die scherzhafte Umbenennung des »Reichspropagandaministeriums« in »Reichsgeltungsbedürfnisanstalt«, Goebbels wurde als »Reichsspruchbeutel« oder »Reichslügenmaul« tituliert. Nach einem Treffen von Hitler und Mussolini während des Krieges wurde Hitler gegenüber Mussolini in den Mund gelegt: »Italien ist zu beneiden. Über Italien lacht immer der blaue Himmel.« Woraufhin Mussolini antwortete: »Was heißt das schon? Über Deutschland lacht doch die ganze Welt!« Aber mit der Deportation und Vernichtung der Juden wurde auch ihr intelligenter, sprühender Witz aus der Stadt getrieben.

Als Berlin nach dem Zweiten Weltkrieg unmittelbar in den Strudel des Kalten Krieges hineingerissen wurde, reagierte die mittlerweile geteilte Stadt mit diversen Witzen, Karikaturen und Kabaretts – gerne auf Kosten des ideologischen Systems der jeweils anderen Stadthälfte. Die Sektorenstadt begann sich nun auch dadurch zu unterscheiden, dass in Ost-Berlin weiterhin berlinert wurde, während der Dialektgebrauch in West-Berlin neuerdings als unfein galt. Vergessen war wohl, dass in früheren Zeiten nicht nur Größen wie der Bildhauer Schadow und der Maler Max Liebermann, sondern auch die preußischen Könige ganz selbstverständlich berlinert hatten. In der Stagnationszeit nach dem Bau der Berliner Mauer, die als »Endmoräne des Zweiten Weltkriegs« bezeichnet werden konnte, wurde in den 1970er und 1980er Jahren immer wieder das Abhandenkommen des Berliner Witzes beklagt. Und doch überlebte er in West-Berlin in komischen TV-Sketchen und witzigen Fernsehserien, während er sich in Ost-Berlin in den sogenannten Wanderwitzen, die hinter vorgehaltener Hand erzählt werden mussten, immer wieder Geltung verschaffte.

Nach der Wende boomten in Berlin Comedy Clubs, Lesebühnen und andere Kleinkunsttheater für Kabarettisten und Comedians. Und es ist erstaunlich, wie viele von ihnen gebürtige Berliner sind, die all das verkörpern und all das zum Ausdruck bringen, was schon seit knapp dreihundert Jahren das Berlinertum auszeichnet: Unsentimentalität, Schärfe, Auftrumpfen, verbale Aggressivität, Wortwitz, Selbstironie, Sprachspielerei, Übertreibung und immer wieder die Annahme, dass Berlin der Nabel der Welt ist, eine Vorstellung, die zwischen Großmannssucht und Liliput changiert. Unter all diesen Performancekünstlern und Autoren findet sich auch der Berliner Thilo Bock, der immer wieder den »quabbelnden« Berliner Volksmund aufspießt, so das Handygequassel eines Fahrgastes in der U-Bahn, die gerade an der Station »Hausvogteiplatz« hält: »Hausvoorelplatz, (...) da bin ick jetzte. Kennste nich, Hausvoorelplatz? Kennt doch jeda, also vom Lesen. Nee, ohm bin ick nie jewesen. Wieso ooch? Wat sollick 'n da? (...) Hausvoorelplatz, haste ma jehört, dit am Hausvoorelplatz wat wäre, wo man hinjeht, so im alljemeinen? (...) Keene Ahnung, wat Hausvoorel so jenau is. Muß man dit wissen, nur weil et so 'n Platz hier jibt? (...) Schätze mal, 'n Hausvoorel is so'n Piepmatz. Meene Omma hatte ooch mal eenen.«

Obwohl der Berliner Witz in der heutigen Zeit durch den internationalen Zuzug nach der Wende immer wieder totgesagt wurde, ist es erstaunlich, wie überlebensfähig er ist und das nicht nur bei den Auftritten von Kurt Krömer, Fil, Ilka Bessin oder Martin Buchholz, um nur einige wenige der zeitgenössischen Berliner Kabarettisten zu nennen, sondern auch auf der Straße, im Bus, auf dem Markt, in der Kneipe, in den Läden und in Eisdielen mit originellen Namen wie »Eisdieler«.

Meckern is wichtig, nett kann jeder

1873 hieß es in Meyers *Konversationslexikon*: »Die Berliner zeichnen sich aus durch scharfen Verstand, Witz und Schlagfertigkeit. Sie haben dazu die Gewohnheit, an Großem zu mäkeln«. Dieser Ton, dieser Witz, der vor hundert oder hundertfünfzig Jahren noch die Berliner Straßen beherrschte und prägte, scheint sich heute von der Straße eher in Kabaretts und Comedy-Shows verlagert zu haben. Und doch kann man den Berliner Ton manchmal noch auf Wochenmärkten hören, gerne kurz vor Marktschluss, wenn die Waren in origineller Weise losgeschlagen werden sollen. Auch auf den Straßen ist er auf den Papierkörben präsent, und man kann den Einfallsreichtum der ständig wechselnden Aufschriften auf Mülleimern und Fahrzeugen der Berliner Stadtreinigung BSR nur bewundern, Aufschriften, die von den Eigenheiten des Berliner Witzes leben – auch wenn ein schickes PR-Büro dahintersteckt. Da gibt es das witzige Zusammenfügen von Niedrigem und Hohem wie in der Aufschrift »Kot d'Azur«, den preußischen Befehlston »Fahrscheine bitte«, und vor allem Verballhornungen, Parodien, Wörtlichnehmen der Sprache und überhaupt Sprachspiele wie »Nahentsorgungsgebiet«, »Eimer ist immer der Asch«, »Das Dreckige muss ins Runde«, »Für alte Kamellen«, »Offen für alles«, »Das kleine Aschloch«, »Rein oder nicht rein«, »Klugschmeißer«, »We kehr for you«, »Das tapfere Eimerlein«, »Würstchenbude« und kurz vor Weihnachten der freundliche Mülleimer-Wunsch »Frohes Rest«. Dass auf den Papierkörben auch die verschiedenen Berliner Stadtteile prominent hervorgehoben werden, knüpft daran an, dass kein echter Berliner in Berlin, sondern in seinem Bezirk wohnt. Schon in der unmittelbaren Nachkriegszeit gab es derartige Sprachspielereien, als verschiedene Viertel selbstironisch und illusionslos in »Klamottenburg« und »Trichterfelde Rest« umbenannt wurden. Jetzt allerdings geht es in Anlehnung an die Forderung »Unser Dorf soll schöner werden« um die Reinlichkeit der Berliner Bezirke: So treten »Friedrichsrein«, »Steglitzern«, »Verschöneweide«, »Gute Sitte in Mitte«, »Leuchtenburg«, »Flotte Charlotte«, »Macht Pankow blanko«, »Glänzelberg«, »Köpeschick« und »Boulevard Putzdamer« in einen edlen Wettstreit um die vollsten Papierkörbe und die saubersten Bürgersteige. Originell und von hoher sprachspielerischer Qualität sind auch die Aufschriften auf den Fahrzeugen der BSR, wenn auf den Sprengwagen »Wasserati« zu lesen ist, eine witzige Mischung aus Maserati und Wasserratte, auf den Reinigungsfahrzeugen »Feganer«, »Kehrpaket« oder »Räumschiff« und auf den Riesenmüllwagen für Sperrmüll »Tonnosaurus Rex« oder »Tonn Voyage« – ein letzter Anklang an die Vorliebe des Berlinischen für französische Einflüsse.

Die Liste der Eigenschaften, die den Berliner Witz ausmachen, ist lang: Er ist schlagfertig, scharfzüngig, respektfeindlich, verblüffend, blitzgescheit, treffsicher, pfiffig, frech, laut, direkt, grob, kess, derb, aktuell, auftrumpfend, wenig hintergründig und nicht weise. Stattdessen lebt er oft von Parodie, von beißender Satire, von grotesker Fantasie. Auch wenn ein Mann, der in einer Konditorei sagt: »Ich möchte gerne Rumkugeln«, zur Antwort bekommen kann: »Aber bitte nicht hier«, kennzeichnet den Berliner Witz immer wieder eine sprachlich übertriebene Überkugelung. Die hohe Kreativität der Sprachspiele und die Freude an der Parodie zeugen von einer überdurchschnittlichen geistigen und sprachlichen Beweglichkeit. Der Berliner Witz ist von einer blitzschnellen Fixigkeit, die sich in dem Spruch »Eh du Würstchen sagst, ha' ick se schon jejessen« ausdrückt. An der Frage, ob der Berliner Witz bewusst verletzend ist, scheiden sich die Geister. Sicher aber ist, dass die offensive, aggressive und oft besserwisserische Haltung eine Dauereinstellung des Berliners ist, so, wie der Fremde, der nach dem Weg zum Kurfürstendamm fragt, mit der Antwort rechnen muss: »Jradeaus unjefähr 40000 Kilometer. Wenn Se sich umdrehn, brauchen Se fünf Minuten.«

Der Berliner hat keinen Hang, das Gesicht zu wahren, was in anderen Regionen ein Zeichen für Kooperation, für gutmütiges Zusammenleben ist.

Vielmehr gehen die Berliner Sprachspiele mit höherem Risiko einher, ja, der Berliner, kampflustig wie er ist, zieht es vor, lieber mit hohem Einsatz zu gewinnen oder zu verlieren, also mit hohem verbalem Einsatz um ein cooles, oder eleganter ausgedrückt, nonchalantes Image zu spielen. Immer wieder bringt das antithetische Gehirn des Berliners im Alltag Parodien auf den hohen Ton zustande, so, wenn ein Kunde in einem Klaviergeschäft von einem wendigen Verkäufer gefragt wird: »Na, wie konveniert das Klafünf?« Ebenso widersprüchlich geht es zu, wenn ein gebildeter Berliner der 1920er Jahre sich mit einem Fremden über das Aussehen des Dichters Stefan George unterhält, der immer wieder in Berlin weilte und hier einem erlesenen, lorbeerbekränzten Weihezirkel vorstand: »Ach, den kennse nich? Det is doch der, der wie 'ne olle Frau aussieht, die wie'n oller Mann aussieht!«

Dass die Berliner Art und der mit ihr verbundene Witz von Außenstehenden immer wieder als Zumutung empfunden wird, verwundert nicht, denn die Freude des Berliners darüber, jemanden zu »verkohlen«, zu »veräppeln«, geht immer auch auf – meist seelische – Kosten anderer und ist getragen von Krakeel und Empörung, von Zurechtweisung, Belehrung, heiterer Rüge und rücksichtsloser Selbstbehauptung. So kann eine Obstfrau, die von einer Kundin gefragt wird, ob die Kirschen ausländische seien, schlagfertig antworten: »Na, wat denn, wat denn! Woll'n Se mit die Kirschen sprechen?« Auch das Dienstmädchen, das einen Teller zerbrochen hat, weiß sich zu behaupten, wenn sie auf die Frage der Hausfrau, was sie da mache, zurückgibt: »Aus een'n Teller zwee!« Ebenfalls muss sich ein Straßenbahnschaffner die scharfen Widerworte eines jungen Fahrgasts gefallen lassen: »Nee, Kleener, für 'ne Kinderkarte biste schon zu jroß. Du musst voll bezahlen.« »Denn lassen Se aba ooch jefälligst det kindische Duzen.«

Widerworte sind Trumpf

Etliche Berlin-Forscher gehen davon aus, dass der seit vielen Hunderten von Jahren andauernde Existenzkampf der Berliner Bevölkerung aufgrund des kargen Bodens der Mark Brandenburg und Berlins und der ärmlichen Lebensbedingungen zu einer eingefleischten Selbstbehauptung geführt habe, die sich im Laufe der Zeit weg vom

Gebrauch der Ellenbogen hin zum Gebrauch des Kopfes, vor allem des Mundwerks verfeinert habe. Daher stamme die den Berlinern eingewurzelte Angewohnheit, ständig aufzutrumpfen, zurückzutrumpfen, zu übertrumpfen, noch eins draufzusetzen, wieder zurückzutrumpfen und noch einmal zu übertrumpfen – eine Angewohnheit, die naturgemäß nur dann zur Entfaltung kommen kann, wenn das Gegenüber auch Vergnügen bei diesem Sichaufschaukeln empfindet und ordentlich mittrumpft. Diese Haltung wurde schon früh unter Berliner Kindern eingeübt, wie ein scherzhafter Dialog zweier waschunlustiger Jungen zeigt: »Ick wasch' mir iebeahaupt bloß alle Jahre eenmal, zu Karfreitag.« Paule will Maxe übertrumpfen: »Ick wasch' ma iebahaupt nich mehr. Zu Silvester jibt's bei uns jroßen Knatsch. Denn spring' ick von'n Disch runter, und denn platzt allet ab.«

Wer auf einen verbalen Angriff bloß beleidigt, »pampig« oder eingeschnappt reagiert, hat sich in den Augen des Berliners eine derartige Blöße gegeben, dass er nur mit Verachtung gestraft wird. Ein sehr prominentes Beispiel fürs Auftrumpfen und das blitzschnelle Geben von Widerworten ist überliefert im Schlagabtausch zwischen Hausherrin und Köchin, der etwa vom Ende des 19. Jahrhunderts stammt und in dem die gesellschaftlich niederrangigere Bedienstete nicht klein beigibt und zumindest verbal den Sieg über die Herrschaft davonträgt:

»Frau: Aber, Friederike, Du hast schon wieder den Braten anbrennen lassen!

Köchin: Nee, Madame, der is von janz alleene anjebrannt.

Frau (außer sich): Du freches Frauenzimmer, mach' mich nicht böse!

Köchin: Wozu denn det noch, Sie sind ja schon böse genug.

Frau: Du weißt doch, daß Du zum ersten ziehst?

Köchin (die Hände faltend): Ach, wenn doch man schon der zweete wäre!

Frau: Halt' Sie's Maul, sag' ich!

Köchin: Wozu denn? Det is mir anjewachsen.

Frau (wütend): Bist du nun ruhig, Knochen! Oder ich rufe meinen Mann!

Köchin (achselzuckend): Ja, denn jeht et mir schlecht; jejen zehne kann ick mir nich verteidijen.

Frau (verschluckt die Galle und wird etwas milder): Sag mal, Friederike, hat Dich denn der

Satan verführt, dass Du immer das letzte Wort haben musst?

Köchin: Ja, ick hab' et von Ihnen jelernt!

Frau (weggehend): Geh' zum Deibel!

Köchin (ihr höhnisch nachrufend): Also soll ick wieder bleiben, Madam?«

Auf- und übertrumpfende Dialoge können sich wie mit Widerhaken in die Rede des Kontrahenten bohren. Aber sogar wenn der Berliner freundlich angesprochen wird, kann er mit dem gesträubtem Gefieder des beißenden Sarkasmus reagieren, so wie der Mann, der beim Eislaufen auf dem Kleinen Havelsee einbricht, bis zum Hals im Wasser steht und um Hilfe ruft. Nach längerer Zeit kommt ein älterer Herr und fragt gemütlich: »Na, Sie sin hier wohl Schlittschuh jelaufen?« »Nee«, sagt der Schlittschuläufer erbittert, »ick ha'n Bad jenommen und unterdessen ist der Teich zujefroren.« Ähnlich absurd ist die Antwort eines Arbeiters, der mit einem riesigen Schlüssel an einem Hydranten herumschraubt, auf die neugierige Frage eines Passanten, was er denn da mache: »Na, det sehn Se doch – ick zieh die U-Bahn uff.«

Berlin, der Nabel der Welt

Die Eigenschaft des Berliners, »an Großem zu mäkeln«, wie es bereits 1873 im Lexikon nachzulesen war, hängt zusammen mit einem etwas widersprüchlichen Gemisch aus Selbstgenügsamkeit, die sich zu einem übersteigerten Lokalpatriotismus aufplustert und dann auf die Sehenswürdigkeiten, auf die Schönheiten und die Größe anderer Städte, Länder und Kontinente mit automatischer Abwehr reagiert. Ja, der Berliner empfindet alles Sehenswerte außerhalb seiner geliebten Stadt als einen Angriff, weswegen er sich auf Reisen in der Pose gefällt, dass ihn so schnell nichts beeindrucken könne. Die grundlegende Frage, ob diese Mäkeleien an großartigen und bewunderungswürdigen Dingen anderer auf einem Minderwertigkeitskomplex beruhen oder nicht, ist schwer zu beantworten. Sicherlich eignet dem Berliner nicht die natürliche, selbstverständliche Gelassenheit etlicher anderer Regionen und Länder. Eher muss der Berliner, dessen elftes Gebot »Laß dir nicht verblüffen!« lautet, umgeben von karger Natur um Anerkennung kämpfen, anderes, ihn Verunsicherndes abwerten, um selbst den Kopf oben zu behalten. So kann ein

Berliner, der in den 1950er Jahren eine Reise nach Rom unternimmt, angesichts des Kolosseums mit Genugtuung ausrufen: »Da ham wir doch janz andre Trümmer in Berlin!« Oder es kann ein Berliner, der in Bayern den Starnberger See und das weißblaue Massiv der Alpen, das dahinter aufragt, gezeigt bekommt, auf den bewundernden Ausruf des bayrischen Fremdenführers »No, es des schee?« unbeeindruckt antworten: »Ick weeß nich. Nehm Se de Berje wech und den See – un et is jar nischt Besonderet!« Angesichts des Schiefen Turms von Pisa gerät die Ablehnung des Berliners zu einer infantil-trotzigen Übersteigerung: »Wir ham zu Hause 'n Funkturm, Sinjohre, der steht zwar jrade. Ständ' er aber schief, so ständ' er zehnmal schiefer als der hier.« Mit Blick auf die Schweizer Berge kann der Berliner ausrufen: »Na, wissen Se, wenn die Berge bei Berlin ständen, wären se noch ville höher!« Ebenso hat er keine Scheu, die Majestät des Vesuv auf sein Niveau herunterzuziehen: »Der Vesuv, janz scheener Berg, der Vesuv; aber wissen Se – iba den Kreuzberg jeht doch nischt!« Unvergessen ist der Berliner, der auf der Rückfahrt von Breslau mit dem spannenden Kulturhauptstadtprogramm begeistert und behaglich ausrief, als der Reisebus in einen schäbigen, schummrig beleuchteten Autobahntunnel in Berlin einfuhr: »Ah, endlich wieda zuhause!«

Erkenne dich selbst!

Die Grundsätze »Ick bin ick!« und »Meckern is wichtig. Nett kann jeder!« verraten das offensiv zur Schau gestellte Selbstbewusstsein des Berliners:

»Uns kann keener,
ooch nich eener,
an de Wimpern klimpern!
Uff de Lippen tippen!
Uff de Klauen hauen!
In de Haare fahren!
Uns kann keener,
ooch nich eener,
an de Wolken polken!«

Zwar eignet dem Berliner eher eine pessimistische Weltanschauung, aber er hat einen kaum zu überbietenden Formenreichtum des sprachlichen Ausdrucks ersonnen, der ihn dazu befähigt, mit allen Kümmerlichkeiten und Rohheiten des Lebens fertig zu werden. Der Berliner kriecht nicht, buckelt nicht und ist nicht dienstbeflissen. Vielmehr versucht er sehr hemdsärmlig, durch Trotz und Frechheit seine Würde zu bewahren, wie der Junge, der einen Mann nach dem Weg fragt: »Sie, Männeken, können Se mir nich sagen, wie ick zum Steinplatz komme?« – »Kannste nich en bißchen höflicher fragen?« – »Nee, denn verloof ick mir lieber.«

Die Aggressivität, das verbale Vors-Schienbein-Treten ist die schnelle Distanzwaffe des Berliners. Seine Unbescheidenheit rührt von der Herausforderung her, im chaotischen Schmelztiegel der rasant angewachsenen und sich verändernden Großstadt den Kopf oben zu halten, Ängste abzuwehren und sich in intelligenter Weise selbst zu behaupten.

Eine offensive Ablehnung von Romantik als einer verlogenen, falschen Überzuckerung und selbstgenügsamer Trotz sprechen aus dem folgenden Vers:

»Denkste denn, denkste denn,
Du Berliner Pflanze,
Denkste denn, ick liebe Dir,
Wenn ick mit dir danze?
Denkste denn, denkste denn,
Daß ick um dir weene,

Wenn de mir nich lieben dust,
Lieb ick mir alleene.«

Ohne die etwas abgenutzte Vorstellung von der »Schnauze mit Herz« oder »Herz mit Schnauze« strapazieren zu wollen, kann aber doch immer wieder echtes Mitgefühl durch die schroffe Schale hindurchschimmern. So ist die Begrüßung eines kranken Freundes mit den Worten »Dir haben se woll in de Scharitee uffjewischt?« – Worte, die für Außenstehende grausam, zumindest grob klingen, unter Berlinern durchaus als Ausdruck aufrichtigen Bedauerns zu verstehen. Zwar zeigt der Berliner möglichst selten weiche Regungen, aber manchmal lässt er doch wie durch Ritzen ein Stückchen seines Seelenlebens aufblitzen, wie in folgendem Poesiealbumspruch, der von ungewöhnlich positiver Schwärmerei geprägt ist:

»Eener alleene
Is nich scheene;
aber eener mit eene,
Und denn alleene,
Det is scheene!«

Am allerschönsten und unnachahmlichsten aber klingt das »Erkenne Dich« selbst, das *Gnothi seauton* des Berliners, der ja in den meisten Fällen die Introspektion ablehnt und die Selbsterkenntnis verspottet, wie es der beliebte Spruch »Mensch, geh in dir!« – »War ick schon, is ooch nischt los« überliefert. In diesem Vers aber hält das Berliner Ich, pardon Icke, die verwirrende, nahezu unheimliche Begegnung mit sich selbst in geradezu triumphaler Weise aus:

»Ick sitz an Tisch und esse Klops.
Uff eenmal kloppt's.
Ick kieke, staune, wundre mir –
Uff eenmal jeht se uff, die Tür!
Na nu, denk ick, ick denk na nu –
jetzt is se uff, erst war se zu –
ick jehe raus und kieke –
Und wer steht draußen: Icke!«

Achtung, ansteckend!

Der Berliner Witz ist ohne den Berliner Jargon gar nicht zu denken, ja, dieser verleiht ihm erst die eigentliche Würze. Die Sprache des Berliners hat nicht nur eine unglaubliche Fähigkeit, fremde Einflüsse aufzusaugen und einzuschmelzen, sondern der Berliner Jargon war zu allen Zeiten ansteckend und expansiv. So drangen spätestens ab dem 19. Jahrhundert von Berlin aus eine Fülle von Ausdrücken in die allgemeine deutsche Sprache ein, ja das Berlinische besaß deutschlandweit eine große Ausdehnungs- und Strahlkraft. Etliche Berolinismen lockerten die Hochsprache auf und wurden zum Allgemeingut. Ausdrücken wie Klamauk, etepetete, dufte, Fatzke, Göre, mickrig, piekfein, schnieke, schnuppe, schnoddrig, au Backe, doof, Tingeltangel, plemplem, Mief und knorke merkt man zum Teil noch ihre Berliner Herkunft an, zum größeren Teil aber sind sie ganz und gar in die allgemeine deutsche Sprache übergegangen.

Anders als andere Dialekte, die die Zugezogenen verbal ausschließen und sie auf ihren Platz als Fremde verweisen, konnte sich durch eine Art Sprachinfluenz, also durch sprachliche Ansteckung, das Berlinische immer auch schnell auf neue, von außen kommende Bevölkerungsteile ausdehnen. Sehr schön beschrieben ist diese Fähigkeit in der kleinen Geschichte von Fritze, der in ein Heim bei Ludwigslust geschickt wurde. Die Eltern hofften, dass sich der Junge bei dieser Gelegenheit sein »schreckliches Berlinern« abgewöhnen würde. Nach einiger Zeit erkundigte sich ein Bekannter: »Na, Ihr Sohn wird ja inzwischen das Berlinern verlernt haben und nur noch Mecklenburgisch sprechen.« – »Wo denken Sie hin«, entgegnete der Vater, »det janze Dorf berlinert schon.«

Historisch gesehen sind die Einflüsse auf den Berliner Dialekt und auch auf den Witz insbesondere vom Jüdischen und vom Französischen geprägt, etwas später, vor allem ab der zweiten Hälfte des 19. Jahrhunderts, dann auch vom Schlesischen. Weniger durch seinen kargen Sand- und Sumpfboden als durch die Einflüsse der Zugezogenen wurde der Berliner zu einem Etwas, in dessen Sprache und Witz verschiedenartige Elemente eingeschmolzen und zu einer unverwechselbaren Mischung amalgamiert sind.

Mit 'n jewissen Aweck: französische Prägungen

Dass die Einflüsse des Französischen auf die Berliner Sprache bedeutsam sind, verwundert nicht, machten doch um 1700 die hugenottischen Refugiés ein Sechstel, zeitweilig sogar ein Viertel der Stadtbevölkerung Berlins aus. Doch steuerten die französischen Emigranten weniger französischen Esprit und Witz bei, sondern eher calvinistisches Arbeitsethos, oder, wie Fontane die Refugiés charakterisiert: »keine pariserischen, sondern puritanische Leute, steif, ernsthaft, ehrpußlig«. Als dann etwa hundert Jahre später, um 1806, Berlin durch die Franzosen besetzt wurde, entstand der typische Berliner Witz mit seiner Angriffslust, ja, das Volk schaffte sich ein Ventil, um Zorn und Ärger abzureagieren, so, als befände sich der Berliner immer auf der Barrikade gegen unerwünschte, fremde Mächte. En passant aufgeschnappte französische Wörter und Ausdrücke tauchten in der Berliner Sprache verballhornt wieder auf aus dem Bedürfnis heraus, das Unverstandene, das Fremde als Vertrautes in die eigene Sprache einzugemeinden. So wurde das französische Wort »baggage« (Gepäck, Tross) zu »Bagasche«, eine abwertende Bezeichnung für Gesellschaft, Gesindel, Pack. Von »bleu mourant« (blassblau) stammt der schöne Berolinismus »blümerant« in der Bedeutung von unwohl und flau. Die sehr klobig und grob klingenden »Botten« für Schuhe und Stiefel kommen von den französischen Schuhen, »botte«. Dass der Berliner »in die Bredullje geraten kann«, also in die Klemme, in Schwierigkeiten, verdankt er der französischen »Bredouille«, einem Ausdruck aus dem Tricktrackspiel. Etymologisches Vorbild für die »Buddel« ist die »Bouteille«, für die »Budike« die »Boutique«, für die »Bulette« die »Boulette«, für die Berliner »Futterasche«, also die Esswaren, die »Fourage«. Vermutlich vom französischen »calembour« (fauler Witz) abgeleitet ist der »Kalauer«, obwohl auch die Stadt Calau in der Niederlausitz ihr etymologisches Recht an diesem Begriff geltend macht. Aber ohne Frage ist der Berliner, der ja nicht auf den »Deez« (von französisch »tête«), also nicht auf den Kopf gefallen ist, »auf dem Kiwief«, was sich von »qui vive« (wer da?) herleitet. Gerne tut er alles »aus de Lamäng«, also mit Leichtigkeit, was sich von französisch »la main« (Hand) herleitet, oder auch »mit'n gewissen Aweck«, also mit schwungvoller Eleganz, von französisch »avec« (mit). Dieser tautologische, oder besser gesagt doppelt gemoppelte Ausdruck, »mit einem gewissen mit«, ist schon seit dem frühen 19. Jahrhundert belegt, als Straßenhändler, die auch Tabakwaren verkauften, Zigarren »mit avec du feu«, also wörtlich »mit mit Feuer« ausriefen. Noch lieber allerdings betreibt der Berliner seine Geschäfte, seine Erledigungen »mit Schißlaweng«, wahlweise auch mit »Zislaweng«, also mit Schwung, mit einem geschickten

Kniff, mit Pfiff, und er ist ganz niedergedrückt, wenn er zugeben muss, dass er »nich mehr den Zislaweng« hat. Etymologisch steckt hinter diesem schwungvollen Wort entweder das französische »ainsi cela vint« (so ging das vor sich) oder, zum Tempo passender, »c'est le vent« (das ist der Wind). Gerne isst der Berliner, egal ob im »Restorang« oder zuhause, »'ne Stulle mit Lamberkäng«, also mit überstehenden bzw. herunterhängenden Aufschnittscheiben, was sich von »lambrequin« (Fensterbehang) herleitet. Dafür allerding benötigt er »Asche«, die vom französischen »acheter« (kaufen) herstammt, Geld, das manchmal auch alle (von allé, ausgegangen) ist. Der Berliner, der sich, anstatt Muckefuck (von »mocca faux«, falscher Mokka) zu trinken, gerne ein »uf de Lampe gießt« (von »lamper«, in kräftigen Zügen trinken), und der es schätzt, wenn jemand adrett (von »adroit«, geschickt) ist, mag den Klamauk (von »clameur«, Geschrei), ist aber nicht gerne mutterseelenallein (von »moi tout seul«, ich ganz allein). Wenn der Berliner rennt, dann »schest« er – »schesen« kommt von »Chaise«. Seine Toleranz drückt sich in der wunderbar tautologischen Wendung »jeder nach seinem chacun« aus, also »jeder nach seinem jeder« (»chacun« heißt »jeder«), eine Wendung, die im Sinne von »chacun à son gout« (jeder nach seinem Geschmack) gebraucht wird. Zum Zeitvertreib, »so für paßerlantant« (passer le temps), kann er beim Kartenspiel auf die Frage »Wer spielt aus?« »Je!« (ich) antworten, wahlweise auch »Moi je!« (ich ich) oder noch besser »Moi je icke!« Wertlose Kleinigkeiten, Nippessachen, überhaupt alles Unnütze, also »Kinkerlitzken« (von französisch »quincaillerie«) lehnt er ebenso ab wie Personen, die ein übermäßig geziertes Verhalten an den Tag legen, die »etepetete« sind, was sich lautmalerisch von »être peut-être« (kann sein, vielleicht) herleitet, eine Wendung, die schon früh in den Berliner Straßenjargon Eingang fand. Eine Verballhornung des Französischen steckt auch im Wort »Fisimatenten«, das vor allem in der Warnung »mach keine Fisimatenten« gebräuchlich ist. Vermutlich stammt die Wendung aus der Zeit der französischen Besatzung um 1806, als französische Soldaten Berliner Mädchen zu sich locken wollten mit den einladenden Worten »Visitez ma tente« (besuchen Sie mein Zelt), Besuche, vor denen besorgte Eltern ihre Töchter, die eben keine Fisimatenten machen sollten, warnten. Möglicherweise kommt der Ausdruck aber auch von der Ausrede von verspäteten Soldaten, die der Wache erklärten, dass sie eben ihre Tante besucht hätten: »Je viens de visiter ma tante.«

Was für eine geradezu kindliche Lust an eingestreuten französischen Wortpartikeln dem Berlinischen innewohnt, zeigt sich an Neubildungen wie Kleedage, Stellage, Kneipier, Schlappier, schikanös, sachtemang oder spendabel. Die Einflüsse des Französischen beschränken sich auf die teilweise witzigen sprachlichen Verformungen, die den Berliner Dialekt auf originelle Weise durchdringen, den Witz selber aber hat das Französische eher nicht tiefgreifend beeinflusst.

'n meschuggener Fisch: jüdische Prägungen

Das sieht im Zusammenhang mit den Einflüssen des jüdischen Elements ganz anders aus. Nicht nur, dass die Berliner Sprache mit jiddischen Einsprengseln durchsetzt ist, der jüdische Witz hat auch in seiner intelligenten, scharfen, antithetischen Ausprägung stark auf den Berliner Witz eingewirkt. Nach einer Geschichte der Ansiedlungen und Vertreibungen der jüdischen

Bevölkerung im Mittelalter wurde einigen jüdischen Familien ab 1671 die Ansiedlung in Berlin gestattet, ab 1750, vor allem aber im 19. Jahrhundert wuchs die jüdische Gemeinde sehr stark an und gelangte zu einer geistigen, wirtschaftlichen und kulturellen Blüte. Etliche Wendungen aus dem Jiddischen haben sich im Berliner Dialekt erhalten, so »dufte« von hebräisch »tow« (gut), »acheln« für essen und »bedeppert«, also verzagt, eingeschüchtert, verwirrt von »dibbern« (reden, sprechen), malochen von hebräisch »malacha« (Arbeit), sich kabbeln von »kabal« (zanken), zocken von »sachek« (spielen) und Zoff von »Ssof« (Schluss, Ende). Die charakteristische Berliner Wendung »aus Daffke«, also aus Trotz, rührt von »davko« (gewiss, sicher) her. Immer noch gebräuchlich ist der Ausdruck »et zieht wie Hechtsuppe«, eine klangliche Angleichung an das hebräische Wort »hech supha« für Sturmwind. Die sehr saloppe Bezeichnung des Berliners für die Freundin oder Frau, »Ische«, nimmt einfach das hebräische Wort »ischa« (Frau) auf. Der Bammel stammt von hebraisch »Baal« und »ejma« (Herr der Angst), das Ausbaldowern von »Baal« und »dewarim« (Herr einer Sache) und das Kaff von »kefar« (Dorf). Auch eine ganze Reihe von missbilligenden Ausdrücken hat jüdische Wurzeln. So stammt das »Jeseiere«, also das unnötige Gejammer, von »gesera« und der angeberische »Großkotz« von »kozin« (ein Reicher). Der »Kaffer«, also der Tölpel, leitet sich von »kapher« (Bauer) her, die »Mischpoke«, die – eher bucklige – Verwandtschaft, hat ihren Ursprung in der »mischpacha« (Familie), und das immer noch sehr gängige Wort »meschugge« rührt von »meschuggo« (verrückt, verdreht) her. Dieses Wort spielt auch in einem jüdischen Berliner Witz eine prominente Rolle:

»Papa, was is'n Wiedehopf?« – »Wiede – wat? Det is 'n meschuggener Fisch.« – »Aber hier steht doch: Er hüpft von Ast zu Ast!« – »Da siehste, wie meschugge der Fisch is.«

Auch das seltsame, längst in die gesamtdeutsche Sprache eingegangene Wort »Moos« für Geld stammt von hebräisch »Moo« (Pfennig), der in der Pluralform zu »Moos« (Geld) wird, so wie auch das Wort »Kies« für Geld von »Kiss« (Geldbeutel). Das Konto heißt auf Hebräisch »Pinkas«, wovon die »Pinke« und der »feine Pinkel« abgeleitet sind, und die »Pleite« geht auf das hebräische Wort »pelita« (bankrott) zurück. Der »Knast« kommt von hebräisch »Knass«

(Strafe), die »Macke« und das »Meckern« von »Maka« (Schlag) – jemand, der meckert, ist also einer, der mit Wörtern um sich schlägt. Wunderbar tautologisch ist die Wendung »frech wie Oskar« von »ossok« (frech). »Tinnef« kommt von hebräisch »Tinuf« (Dreck, schlechte Qualität) und der »Ramsch« von »ramo« (betrügen). Und die etwas salopp-abfällige Bezeichnung »Zosse« oder »Zossen« für ein altes oder klappriges Pferd stammt ganz einfach vom hebräischen Wort für Pferd, »Ssus«, bzw. für Stute, »susa«.

Der jüdische Geist und der jüdische Witz mit seiner Freude an eleganten und pointierten Formulierungen, mit seiner widersprüchlichen Denkweise beeinflusste Berlin sehr, ja, er stimulierte überhaupt das intellektuelle Leben in Berlin. Der jüdische Witz ist ein tiefer, bitterer, scharfer Witz und enthält meistens eine religiöse, politische, soziale oder philosophische Kritik. Gleichzeitig steckt er voll tiefer Weisheit. Er entstand durch die Jahrhunderte als Waffe eines waffen- und wehrlosen Volkes, ja, in vielen Situationen konnten Juden überhaupt nur geistig und seelisch mit Hilfe des Witzes weiterleben. Das Unerträgliche wird durch den scharfen, paradoxen jüdischen Witz erträglich gemacht. Sigmund

Freud erkannte hellsichtig, dass der Witz die »letzte Waffe des Wehrlosen ist«. Die Schlagkraft der Waffe besteht in der Hoffnung, einen Missstand zu paralysieren, wenn man ihn erkannt hat und auslachen kann. Weiter schreibt Freud über die Fähigkeit zur Selbstironie: »Ich weiß übrigens nicht, ob es sonst noch häufig vorkommt, daß sich ein Volk in solchem Ausmaß über sein eigenes Wesen lustig macht.«

So auch in folgendem jüdischem Witz aus Berlin:

»Bibelstunde.

Lehrer: Wie hießen die zwölf Apostel?

Goldbaum: Ruben, Simon, Josef, Lewi, Naftali, Ascher …

Lehrer: Falsch, falsch, hör' schon auf. Markuse! Was waren das für Namen, die der Goldbaum da aufgezählt hat?

Markuse: Das waren die Berliner Rechtsanwälte am Landgericht I.«

Sehr selbstironisch ist auch die Bezugnahme auf die Assimilation der Juden in einem jüdischen Witz aus der Zeit um 1900: »Papa, wie alt muß denn einer werden, eh' er Jude wird?« – »Frag nicht so dumm; man ist das, was man ist, mit dem Alter hat das gar nichts zu tun.« – »Doch,

Papa; ich bin doch zwölf Jahr und bin Christ; du bist fünfzig Jahr und bist auch noch Christ; aber Großpapa, der ist schon Jude!« In dieser Zeit wurde übrigens wegen der häufigen Übertritte von Juden zum Christentum die Kaiser-Wilhelm-Gedächtniskirche selbstironisch in Anklang an das 1907 eröffnete KaDeWe auch als »Taufhaus des Westens« bezeichnet.

A propos Freud. Aus der Vorlesung eines Berliner Psychoanalytikers ist folgender jüdischer Witz überliefert: Die Eltern haben ihren Sohn, mit dem es immer schwieriger wird, zum Psychoanalytiker geschickt. Nach seiner Rückkehr fragt die Mutter gespannt: »Nun, was hat er festgestellt?« Mißmutig antwortet der junge Mann: »Er hat jesagt, ick hätt'n Ödipuskomplex.« »Ach, wat«, sagt die Mutter, »Ödipus, Schnödipus – det wird schon wieder. Hauptsache, du hast deine Mamma recht lieb.«

Der jüdische Witz verspottet nur selten einzelne komische Eigenschaften des Menschen, vielmehr stellt er oft die gesamte menschliche Situation mit Schmerz und Bitterkeit in Frage. Oder, wie Mark Twain es ausdrückt: »Die verborgene Quelle des Humors ist nicht Freude, sondern Kummer.« Diese spezifische Mischung aus trockenem Skeptizismus, aus Selbstironie und Unverfrorenheit erzeugte einen besonderen Ton, der die Berliner Art sehr beeinflusste. Der ironische Berliner, verwöhnt durch originelle Witze und Repliken, kritisiert einen schlechten, ungelungenen Witz mit den Worten: »Na nu kitzel mir mal eener, det ick lachen kann.« So, wie der Berliner in puncto Witzen nicht leicht zu beeindrucken ist, so heißt es gleichzeitig selbstironisch und selbstbewusst in einem jüdischen Vers:

E jüdischer Witz
Mit e jüddisch Akzent:
Was e Goi nischt versteht
Und e Jüd immer schon kennt.

Kurz vor Hitlers Machtübernahme tauchte in Berlin ein jüdischer Witz auf, bei dem das Lachen im Hals steckenbleibt, wenn ein jüdischer Händler, der zum Finanzamt muss, sich mit dem Beamten herumstreitet und schließlich drohend schreit: »Warten Se nur, bis das Dritte Reich kommt!« »Hör' ich recht?«, fragt der Beamte. »Gerade Sie zitieren die Nazis?« – »Nu, warum soll ich nich?«, sagt der Kaufmann. »Da wird stehen über dem Finanzamt FÜR JUDEN VERBOTEN!«

Trotz der zunehmenden Verfolgung, Gettoisierung, Deportation und Vernichtung der Juden schimmerte sogar noch während der NS-Zeit wie durch Ritzen in jüdischen Witzen die Selbstironie durch. So gab es Juden, die, in Anlehnung an den Orden »pour le mérite«, den gelben Stern, den ab 1941 alle Juden tragen mussten, »pour le Semite« nannten, um wenigstens einen Bruchteil ihrer Würde zu bewahren. Einige trugen diesen »Orden« mit besonderer Genugtuung, weil es der einzige Orden sei, den Göring nicht tragen könne.

Von geradezu philosophischer Tiefe ist folgendes Gespräch, das vom Hörensagen aufgeschnappte Gerüchte selbstironisch aufs Korn nimmt:

»Aaron: Gott der Gerechte, was gibt's Neies?

Moses: Was soll's gutes Neies geben? Schlechtes gibt's Neies!

Aaron: Nu, was gibt's denn schlechtes Neies?

Moses: Der Hiltler soll sein tot!

Aaron: Gott der Gerechte, das ist doch nichts Schlechtes!

Moses: Nein, aber es soll nicht wahr sein!«

Ick hab' keene Penunzen nich: slawische Prägungen

Obwohl Berlin seit dem 19. Jahrhundert ein Anziehungspunkt für Arbeitsmigranten aus Polen und Russland war, auch für Kaschuben und Sorben, bleiben die Einflüsse aus den slawischen Sprachen auf das Berlinische überschaubar. Vom russischen Wort »droschki« stammt die Droschke. Allgemein slawischen Ursprungs sind die Bezeichnungen »Pachulke« für einen groben, unhöflichen, ungeschlachten Menschen, »Kamurke« für eine kleine, elende Stube und »verbubanzen« für verderben, verunstalten, Wörter, die man zu einem Satz von exotisch wirkendem Klangreichtum zusammenfügen kann: »Pachulke sitzt in seiner Kamurke und hat alles verbubanzt«. Die hetzende, antreibende Aufforderung »dalli« oder »mach mal 'n bisschen dalli« stammt vom polnischen »dalej« (weiter, vorwärts). Und nicht nur die »Penunzen« von »pieniądze« (Geld) sind polnischen Ursprungs, sondern auch die »Kaleika« von polnisch »kolejka« (Reihenfolge), ein Wort, das im Berlinischen im Sinne von Spaß, Unfug – »det war vielleicht n' Kaleika!« – und Aufhebens gebraucht wird oder eher wurde: »mach deswejen nich jleich so' n Kaleika!« Der sehr typische Berliner Ausdruck »det is mir pomade«, also gleichgültig, und das dazugehörige Adjektiv »pomadig« für langsam, träge, egal, langweilig soll etymologisch nicht von dem gleichnamigen Haarfett aus dem Umkreis der Friseursalons herstammen, sondern von polnisch »pomału«, langsam. Auch die doppelte Verneinung im Berlinischen, die in Wendungen wie »ick hab keen Jeld nich« vorkommt, ist von den grammatikalischen Verneinungsgepflogenheiten des Slawischen beeinflusst.

Jeder zweite Berliner: schlesische Einflüsse

Vor allem aber ist die schroffe und laute »Berliner Schnauze«, die sprachlich so originell und ansteckend kreativ ist, nicht ohne Herz und der Berliner Witz sicherlich nicht ohne Seele, schon deshalb nicht, »weil so viele Berliner aus Schlesien stammen« (Herbert Schöffler). Historisch verbunden wurden Schlesien und Berlin mit der Eroberung Schlesiens durch Friedrich II. in den drei Schlesischen Kriegen zwischen 1740 und 1763. Schlesien kam zu dem norddeutsch-protestantischen Königreich Preußen und wandelte sich zu einer straff verwalteten Musterprovinz. Im Zuge der immer stärker einsetzenden Industrialisierung war die Arbeitsmigration nach Berlin enorm. 1846 schreibt der Publizist Friedrich Saß über die Lage der ausgebeuteten schlesischen Arbeiter in Berlin: Die »gutmütige, heitere Natur (der armen Schlesier) bricht selbst in ihrem Elende hervor, und in ihrem Gesichte entdeckt man niemals jene schrecklichen Züge, welche uns aus dem Gesichte eines vollendeten Berliner Proletariers entgegenstarren. (…) Der Berliner Proletarier hat für den armen Schlesier Spott und Verachtung, und es pflegt häufig zu ernstlichen Kollisionen zu kommen.«

Nachdem Berlin 1871 Hauptstadt des deutschen Kaiserreichs geworden war, wurde Schlesien mit seinen fünf Millionen Einwohnern eines der wichtigsten Einzugsgebiete der Metropole. In dieser Zeit entstanden auch die Arbeiterviertel um den Schlesischen Bahnhof und das Schlesische Tor. Ebenfalls aus dieser Zeit stammt der Spruch »Jeder zweite Berliner ist ein Schlesier« – wenngleich das statistisch gesehen wohl übertrieben war. In Wirklichkeit stammte etwa jeder vierte Berliner aus Schlesien.

Wie Friedrich Saß schrieb, waren die Schlesier, sogar unter ärmlichsten Lebensbedingungen, von heiterer Art. Hauptmerkmale der aus Schlesien stammenden Witze, die auch den Berliner Witz enorm beeinflusst haben, sind Sprachspielereien und das Wörtlichnehmen der Sprache. Es ist durchaus möglich, dass die Randlage Schlesiens und damit verbunden verschiedene sprachliche Einflüsse, vor allem das Slawische, der Grund dafür sind, dass im schlesischen Witz der Sprachwitz eine besondere Rolle spielt – ist doch die Sprachgrenze zwischen deutsch und polnisch eine der schwierigsten und unüberwindlichsten in Europa. Den niederschlesischen Witz, in dem Bauern und Dorf- sowie Kleinstadthonoratioren im Mittelpunkt stehen, zeichnet einen Hang zu starker Übertreibung, Respektlosigkeit und vertrackter Schlitzohrigkeit aus. Es ist noch nicht der knapp pointierte, scharfe Großstadtwitz, aber manch ein Breslauer Witz liegt sehr direkt auf dem Weg zum Berliner Witz, dass man das zugespitzte Wort, jeder zweite Berliner stamme aus Breslau, gern glaubt.

Aus Schlesien überlieferte Witze nehmen die Sprache in vertrackt-irritierender Weise wörtlich. So lautete eine bekannte Scherzfrage in Schlesien:

Was ist größer? Messer oder Gabel? Antwort: Die Oder! Ebenso konnte es vorkommen, dass ein Bauer, der in einem schlesischen Dorf von einem Parteigenossen mit den Worten »Heil Hitler!« gegrüßt wurde, diesem gelassen antwortete: »Heil du ihn!« Und nicht nur der Breslauer Volksschullehrer, der gerne trank, nahm die Sprache beim Wort, wenn er die Frage nach seinem Beruf mit den Worten beantwortete: »Am Tage bin ich Lehrer, abends aber voller!« Auch der Reisende am Breslauer Hauptbahnhof tat desgleichen, wenn er auf die »Heiße-Wiener«-Rufe eines Würstchenverkäufers wütend aus seinem Abteilfenster schrie: »Will nicht wissen, wie Sie heißen!« Dazu passt auch eine Anekdote über Adolph Menzel, der klassischerweise aus Breslau nach Berlin kam. Menzel hatte sich in einer Ausstellung sehr abfällig über ein Bild geäußert, als der gekränkte Maler herbeistürzte und »Flegel!« schrie. »Freut mich sehr«, versetzte der Meister, »Ihren Namen kennenzulernen, der meine ist Menzel.« Und Christoph, ein Eulenspiegel-Original aus der schlesischen Stadt Ratibor um 1925, ging in eine Bäckerei, griff nach einem Brot und begann zu essen. Auf das empörte Eingreifen der Bäckersfrau erwiderte er gelassen, er habe sich nur an die Aufforderung gehalten, denn da stehe ja »Komm-iß-Brot«! Und einmal hingen in Ratibor Zettel aus, auf denen zu lesen war: Heute um Mitternacht wird die Oderbrücke gesprengt. Als dann gegen Mitternacht Polizei und Feuerwehr anrückten, sahen sie Christoph, der zwei Gießkannen in der Hand hielt und die Oderbrücke mit Wasser begoss.

Teekesselchen und die wörtlich genommene Sprache

Von Schlesien beeinflusst ist sicherlich die Neigung des Berliner Witzes, die Sprache beim Wort zu nehmen und mit Homonymen, also gleichklingenden Wörtern, zu spielen. So kann der Berliner in sehr origineller Weise Prügel androhen: »Du krichst eene vor'n Bahnhof, detta sämliche Jesichtszüje entgleisen.« Ein Töpfer, der mit der Doppelbedeutung des Wortes »Ton« spielt, nimmt das Banausentum in Berlin auf die Schippe, wenn er von Musikern spricht, »wat halbe Kollejen von mir sind, indem sie doch ooch wie die Töpper in Ton machen«. Hier klingt sogar der historische Stadtslogan für die schlesische

Töpferstadt Bunzlau als »Stadt des guten Tons« an.

Dem Teekesselchen »begleiten« gelingt es, den Befehlston eines Polizisten auszuhebeln und antithetisch umzudrehen: »Wissen Sie nicht, daß hier das Spielen auf der Straße verboten ist? Sie müssen mich begleiten!« Leiermann: »Mit dem jrößten Vajnijen. Wat woll'n Se singen, Herr Wachtmeesta?«

Von einer absurd-witzigen Bedeutungsverschiebung bei gleichklingendem Wort lebt dieser Vers:

»Berlin ist musikalisch,
Das ist kein leerer Wahn,
Es sank(g) vor ein'gen Tagen
Sogar ein Äppelkahn.«

Das Ausreizen von Homonymen, das absichtliche Falschverstehen, die widersprüchliche Volte, überhaupt alle geistreichen Wortspiele sind ein Hauptvergnügen des Berliners, der sein Gegenüber mit seiner blitzschnellen sprachlichen Kombinationsgabe verblüffen und überrumpeln möchte. Konstatiert jemand, »ick hab zu meine Frau jesacht, se kann ruhich mitkommen«, so muss er sich darauf gefasst machen, dass sein Gegenüber antwortet: »Sie kann ooch laut mitkommen.«

Tritt ein Mann in der U-Bahn einer Berlinerin aus Versehen auf den Fuß, so kann diese freundlich sagen: »Das war wohl heute Ihr erster Auftritt?«

Mit der dialektalen Eigenart des Berlinischen – aus »er kriegt« wird »er kricht«, was wiederum »er kriecht« ähnelt – spielt dieser Dialog, in dem ein Mann, der eine Kneipe betritt, fragt: »Kricht man hier Rum?« Die Antwort des Wirts lautet knapp: »Nee, hier setzt man sich.«

Schon die Berliner »Jören« lauerten immerzu auf ein Opfer, das sie mit Wortspielen mundtot machen konnten. So bekam der harmlose Fremde auf seine Frage, »Sag mal, wo ist hier das Kreiskrankenhaus?« von einem Berliner Jungen zur Antwort: »Kreiskrankenhaus? Ham wa nich. Unseret is viereckig. Wat Sie mein, is de Jasanstalt.«

Wortspiele können auch zu eleganten Waffen werden, um sich vor Zumutungen zu schützen, wie bei jenem Schaffner, der die Beschwerde eines mäkelnden Berliner Fahrgastes abzuwehren wusste: »Sie! Kondukteur, hier drückt man sich ja die Knochen entzwee; die Banke is so hart!« – »Warten Se eenen Oogenblick, wir kommen jleich an 'ne Weiche.«

Zu blitzschnellem Umschalten zwingt dieses intelligente Sprachspiel: »Was versteht man unter einer Bahnunterführung?« »Wenn jrade 'n Zuch drüba fährt – keen Wort!«

Auch der Vater, der mit seinem Sohn morgens in den Zoo geht, wo es noch ganz leer ist, jongliert mit der Doppelbödigkeit der Sprache: »Papa«, fragt der kleine Junge, »warum macht denn der Geier so'n dämlichet Jesicht?« – »Weil keen Aas da ist!«

Eine gelungene schlesisch-berlinische Symbiose transportiert ein Witz, der mit dem spielerischen Wörtlichnehmen der Sprache durchaus auch vors Schienbein treten kann. So fragt ein Vater, der seinem Sohn dessen sehnlichsten Wunsch nach einem Äffchen erfüllen möchte, den Portier des KaDeWe: »Führen Sie Affen?« – »Tut mir leid. Ick kann von meinem Platz nicht fort.«

Dass der Berliner Witz mit seinen Wortspielen nicht tot ist, zeigte sich neulich in der Reaktion eines Fahrgastes auf die Lautsprecherdurchsage auf dem U-Bahnsteig »Bitte benutzen Sie alle Türen!« Da war nämlich zu hören: »Der is jut! Ick bin froh, wenn ick eene schaffe!«

Linksanwalt und Wanderflegel – Sprachspiele

Die Lust an parodistischen Sprachspielen, die, historisch in Schlesien sehr verbreitet, dann in Berlin auf äußerst fruchtbaren Boden fielen, haben eine Fülle von Verballhornungen, von kritischen, respektlosen, entlarvenden Wendungen hervorgebracht. Manche Wendungen gehen einfach auf Spielfreude ohne tieferen Sinn zurück oder der Sinn besteht darin, das Gewohnte zu durchbrechen, aufzubrechen, durcheinanderzuschütteln und damit zu unterlaufen. So kann aus der Butterstulle die »Stutterbulle« werden, aus der ganzen Familie »die janze Vanille«, aus bitteschön »schütte been«, aus fotographieren »fotografümfen«, aus dem Unterschied der »Schiedunter«, aus beispielsweise »bleistiftsweise« und aus dem Klavier das »Klafünf«. Abwehr von Gefühl und Konvention zeigt sich in der Verformung von »herzliches Beileid« zu »herzliches Beinkleid«. Durch Sprachspielerein gelingt es dem Berliner auch, Kritik und respektlose Unterstellungen zu formulieren, wenn der Rechtsanwalt zum »Linksanwalt« mutiert, die Singakademie zur »Singepidemie«, die Elektrische zur »Epileptischen« und die Influenza zur »Infaulenza«. Nicht *au contraire*, sondern »au controlör« werden die Wandervögel als »Wanderflegel« bezeichnet, wird der Kultusminister zum »Ulkusminister« und die Marseillaise zur »Mayonnaise«. Sehr schön sind auch die umgestalteten Abschiedsformeln »auf, lass uns brechen« anstatt »lass uns aufbrechen«, und anstelle von »leben Sie wohl« der rätselhaft-herausfordernde Wunsch »Leben Se so wohl als auch«.

Wanzen und Kolibris – niedrig trifft hoch

Sehr typisch für Berlin ist die parodistische Mischung aus hoher, gewählter und niedriger Sprache. Vermutlich stammt diese Neigung aus der preußischen Obrigkeitshörigkeit, die jedoch als Zwang empfunden wurde, sodass der witzige Zusammenprall verschiedener Sprachebenen als entlastendes Ventil fungieren konnte. Dieses Zusammen kann auch in einem einzigen Wort vonstattengehen wie in »Wuppdizität« für Geschwindigkeit, Schnelligkeit, ein Wort, in dem das »Wupp« sehr salopp, die »dizität« sehr wissenschaftlich daherkommt. Ähnlich ist es mit dem »Ahnismus« für Ahnung, im Sinne von »ick hab so'n Ahnismus, dettet schiefjeht«. Auch der Ausdruck »anjeäthert« versucht, den Zustand der Betrunkenheit mithilfe des Betäubungsmittels für medizinische Operationen aufzuwerten. Die französische Endsilbe stellt in »pechös« (unglücklich, misslich) oder »schauderös« (schauderhaft) eine bewusste Parodie dar, sozusagen die Parodie des abgespreizten kleinen Fingers. Schon bei Glaßbrenner findet sich der Zusammenprall von Hohem und Niedrigem in Wendungen wie »Du wirst dir jleich eine Backpfeife aneijnen!«, ein Zusammenprall, der auch im mahnenden Ausruf »Klavier dir nich so uff!« (zieh dich nicht so auffällig und geschmacklos an), in der »Zanktippe« (statt Xanthippe), in »alligatorisch« (statt allegorisch) und im tautologischen Ausdruck »det konträre Jejendeel« enthalten ist. Der Spruch »Der Zahlende jeruht, sich von seine juten Jroschen zu entfremden« persifliert den gewählten Ton meisterhaft. Wenn der Berliner in früheren Zeiten Hochdeutsch, also gewählt schreiben musste, wie beispielsweise ans Wohnungsamt, so trieben die krampfhaften Bemühungen um eine hohe, obrigkeitstaugliche Sprache wunderbare Stilblüten: »Dieses Zimmer ist nicht nur gesundheitsschädlich, sondern es untergräbt auch die gute Sitte meines achtjährigen Jungen.« Oder: »Besonders der Umstand, daß meine Schwiegermutter gestorben ist, erheischt dringend Abhilfe.« Schon bei Glaßbrenner um 1830 finden sich in der schriftlichen Liebeserklärung eines Kutschers an ein Dienstmädchen geschraubte, unfreiwillig komische Formulierungen, mit denen er nur ausdrücken will, dass er sein finanzielles Auskommen hat und sie deshalb ihre Stellung aufgeben kann: »Warum soll ich es Ihnen länger verhöhlen (verhehlen), liebe Mamsell. (...) es muß Ihnen doch auch dran gelegen sein, in andere Umstände zu kommen. (...) (denn) ich habe meine Notdurft.«

Auch etliche Berliner Witze spielen aus dem Bedürfnis heraus, sich in der unterlegenen Position schadlos zu halten, mit der Parodie des Höheren, des angeblich Besseren, das dadurch dem Spott preisgegeben wird. So sagt eine nörgelfreudige Dame zu einer Berliner Marktfrau: »Nein, diesen Hasen möchte ich auch nicht, aber nein! Der hat mir zu viele Schrotkörner!« Marktfrau: »Na, denn nehmse *den*. Der hat sich die Pulsadern uffjeschnitten.«

Ebenso schlagfertig reagiert die Wirtin auf die Beschwerde ihres Untermieters, der sich ereifert: »Das ist ja unglaublich. Es sind ja Wanzen im Zimmer!« – »Rejen Se sich man bloß nich uff. Wat valangen Se denn for Ihre paar Piepen? Vielleicht Kolibris?«

Eine Reihe von Witzen nimmt die Unbildung einer Respektsperson, hier des Vaters, aufs Korn: »Vater, weeßt du, wo die Karpaten sind?« – »Nee, frag Muttern, die räumt ja immer allet weg.« Oder sie spießen die Aufgeblasenheit einer ungebildeten Person auf, die sich an Fremdwörter heranwagt und sich an ihnen verhebt: »Wat soll ick Ihn' sagen, Frau Schulzen, mein Oller is plötzlich krank jeworden. Mitten in de Nacht mußten wir 'n Doktor insultieren, der ihm sofort in sein Krematorium mitnahm, und da werden ihm nun alle fünf Minuten kalte Komtessen uff 'n Bauch jelegt.« Der alte, kalte Adel versehentlich auf dem Bauch des durchschnittlichen Berliners – hier triumphiert nicht nur der Zusammenstoß von hohen und niedrigen Welten, sondern auch die Selbstironie.

Det konträre Jejendeel und viel Lärm um Prügel

Die Berliner Sprache strotzt vor witzig verdrehten Wendungen, vor Redelust, die sich auch in einer unübersehbaren Fülle von Synonymen für ein- und dasselbe zeigt, und vor Übertreibungen, die oft das Groteske streifen.

Immer wieder entzündet sich der Berliner Witz daran, dass ein Tatbestand mit seinem diametralen Gegenteil in Verbindung gebracht, also komplett verdreht wird. So ist eine schwatzhafte Person »verschwiegen wie ’ne Litfaßsäule«, so kann ein schweigsamer Mensch aufgefordert werden, dass er »doch nich sonnen Radau« machen soll.

Wenn der Berliner ausruft, »det is ja ne dolle Akustik hier«, dann meint er nicht etwa die Klangfülle in einem Konzertsaal, sondern einen sehr unangenehmen Gestank. Wenn er sich zu viel hinter die Binde gekippt hat, ist er nicht etwa angetrunken, sondern »anjenüchtert«. Indem er die Schwächen seiner Mitmenschen aufspießt, so den unsauberen Hemdkragen eines Passanten, tut er das mit einem gewissen verdrehten Charme: »Du, Langer, jelejentlich musste den Schtehkragen ooch ma wieda teern lassen, da schimmat schon det Weiße durch!«

Die Redelust des Berliners zeigt sich in raumgreifenden Umschreibungen für einfache Sachverhalte, wenn er an Stelle des Wortes »erklären« »auseinanderposamentieren« sagt, statt »begreifen« »mir is der Knopp ufjejangen« und wenn er einen Schwätzer mit den Worten »Quatsch da lang, hier ist jeflastert« abzuwehren versucht. Der verspielte Klangreichtum des Berlinischen drückt sich im Spruch »Mang uns mang is eener mang, der mang uns mang nich mang jehört« aus, ein Spruch, der vor Vergnügen an der eigenen Sprache nur so strotzt.

Vor allem aber zeigt sich die ungebremste Berliner Redelust in unglaublich vielen originellen Synonymen, für Geld, fürs Trinken – und fürs Verprügeln. Dabei geht es vor allem um die verbale Drohgebärde, die abschrecken soll, die sich selbst behaupten will und die durch die überschäumende Übertreibung bereits den Sieg davonträgt, ohne die Fäuste zu gebrauchen. Hier als Kostprobe ein kleines Feuerwerk dieser brachialen Übertreibungen:

»Dir soll ick woll dezentralisieren?«

»Nummerier dir man de Knochen!«

»Ick schmeiß dir an de Wand, dat de kleben bleibst und die Mordkommission dir abkratzen muss«

»Stille biste, sonst jibt's eens uff de Riebe, det deine Jurke denke soll, ihre Mutter is een Kürbis jewesen.«

»Reich mir mal det Beil von de Kommode, ick wer den Kerl ma nen Scheitel ziehn!«

»Mensch, dir könnt ick stundenlang in die Fresse haun!«

»Hast woll lange nich dein eijnet Jeschrei jehört?«

»Dir nehm ick außenander un setz dir vakehrt wieda zusamm'«

»Een Hieb, und du stehst in't Hemde da, der zweite Schlag is Leichenschändung.«

»Ick atme dir ein!«

»Ein Schlag und deine Neese sitzt hinten!«

»Hau dir selbst eene in de Fresse. Ick hab keene Zeit!«

»Dir hau ick noch mal so krumm und schief, det de in keenen Sarg passt!«

Schimpfkanonaden verraten einen opulenten Einfallsreichtum und besitzen die Magie, die Luft zu reinigen, sodass auf Handgreiflichkeiten meist verzichtet werden kann. Wenn es dann aber doch einmal zu einem Kneipenstreit kommt und einer dem anderen ein Auge ausschlägt, so kann der Betroffene kontern: »Wenn de det noch mal machst, kuck ick dir nich mehr an.« Hier zeigt sich übrigens der Unterschied zum perfideren Wiener Witz: »Wannst net glei still bist, schlag i dir ein Auge aus, das andere laß i dir zum Weinen.« Oder: »Wannst net glei still bist, schlag i dir die Zähne aus; einen laß i dir fürs Zahnweh.«

Wer es nicht bei Drohungen belässt, sondern wirklich zuschlägt, bekommt es schließlich mit der Polizei zu tun, diesem »blau gestrichenen Abführmittel«.

Falsch erwartet und grotesk übertrieben

Sehr beliebt ist auch das Spiel mit falschen Erwartungen, das gerne in eine Beleidigung mündet, die aber so geistreich verpackt wird, dass sogar der Beleidigte wider Willen sich ein Lächeln nicht verkneifen kann: »Se denken woll, ick bin so dumm, wie Sie aussehen?« Oder, noch schlimmer: »Sie sind janich so dumm, wie Se aussehn, Se sind noch ville dümma!« Auch bei der Parodie hergebrachter Redensarten ist der Berliner in seinem

Element, wenn er »An den nimm dir ’n Bleistift« sagt, »Det jeht mir durch Mark und Pfennig« oder »Det schlägt dem Fass die Krone ins Jesicht«. Mit der Wendung »Er hat nen schlimmen Finger am Fuß« entlarvt er eine vorgetäuschte Krankheit. Das Spiel mit den falschen Erwartungen persifliert in nahezu genialer Weise folgender Witz, in dem der Pfarrer, der den erkrankten Biologielehrer vertritt, in der Biologiestunde die Frage stellt: »Was ist das? Es ist rot, hat einen buschigen Schwanz und hüpft von Ast zu Ast?« Fritzchen meldet sich und sagt: »Na, ick würd ja uff’n Eichhörnchen tippen, aber wie ick Herrn Pfarrer kenne, wird es wohl unsa herzallerliebstes Jesulein sein.«

Gerne wird dem Berlinischen eine »hyperbolische Überkugelung« nachgesagt. Hyperbeln sind sprachlich-imaginative Übertreibungen, die mit einer grotesken Fantasie einhergehen. Oft genügt es dem Berliner nicht zu sagen, dass jemand »nich so kieken« soll, sondern er schwingt sich zu Ausdrücken auf wie »Sie brauchen janich Ihre Schellfischoogen so erstaunt uffzureißen«. Wird hinter einer großen, schlanken Dame hergeredet, »Wenn die hinhaut, is se jleich zu Hause«, so heißt es von einem Glatzköpfigen, ihm »is der Kopp durch de Haare jewachsen«. Auffällig ist, dass bei diesen Übertreibungen oft das Eigentliche uneigentlich und das Uneigentliche eigentlich wird, wie auch im scherzhaften Arztbericht über eine Blutprobe nach einem Autounfall: »Die mir übersandte Probe Methylalkohol enthält schwache Spuren Menschenblut; was liegt vor?«

Der Grund für die Lust an Übertreibungen mag vom raschen Wachstum der Stadt Berlin vor allem im 19. Jahrhundert herstammen, von ihren Bodenpreisschwankungen und -steigerungen, von ihren unberechenbaren Konjunkturen. Immer wieder wurde Berlin zur Stadt der unbegrenzten Möglichkeiten, und im Fieber der Gründerjahre war es durchaus denkbar, dass das Unwahrscheinliche wahrscheinlich werden konnte. Wie dem auch sei – der Einfallsreichtum des Berliners ist unübertroffen. So wurde ein Geschäft, das wenig verkaufte, »Erbbegräbnis« genannt, O-Beine wurden als »Romanbeene« bezeichnet, denn: »Erst loofen sie zusammen, dann loofen sie auseinander, dann loofen sie wieder zusammen«, eine aufgetakelte Frau musste sich unfreundlich als »'n ollet Klawüster wie 'ne Vogelscheuche« bezeichnen lassen. Schlechte Zigarren hießen entweder »Marke Erlkönig« – erreicht den Hof mit Müh' und Not – oder »Marke Bahnwärter« –

bei jedem Zug raus (und kotzen). Lorbeerkränze wurden gern als »Ruhmesgemüse« verunglimpft, ein langer dünner Mensch als »langes Gehopse« oder als »vollgefressener Bindfaden«, der Kopf ganz allgemein als »morsche Gondel« und der Friseur als »Lockenpriester«. Mineralwasser bekam den schmeichelhaften Beinamen »Charitésekt« und im Wald liegen gelassenes Stullenpapier wurde zu »Berliner Edelweiß« aufgewertet. Jemand, der kein Nachtquartier mehr bekommt, legt sich »auf den Rücken und deckt sich mit dem Bauch zu«. Ein Trottel ist jemand, »den se woll mit de Bratfanne abjetrocknet ha'm«, so wie eine eingeschlagene Scheibe auch nicht einfach kaputt, sondern »zerbogen« ist und der Grund für eine Betriebsstörung bei der elektrischen Bahn ein »Knoten im Strom« sein kann. Jemand, der sich die Haare schneiden lassen sollte, muss sich unter Umständen anhören: »Na, Sie warten woll ooch, bis de Krankenkasse det Haarschneiden bezahlt?« Und Gründe, den Mund zu halten, gibt es auch diverse: »Mach die Klappe zu, du erkältest dir ja 'n Charakter!« oder, an ein Kind gerichtet: »Mach 'n Mund zu, die Milchzähne werden sauer.« Besonders schön ist die höchst übertriebene Reaktion auf eine sehr ausgeprägte Wetterlage, sei es Kaiserwetter, sei es Hundewetter: »Det is 'n Wetter – in 'ne ärmere Jejend würden se zwee draus machen.«

Die sozialen Missstände im boomenden Berlin brachten auch Myriaden von Berliner »Jöhren« hervor, für die die Straßen und engen Hinterhöfe zur Schule des Lebens, der Pfiffigkeit und des schlagfertigen Witzes wurden. So wird ein kleiner Junge auf dem Schulweg von einem etwas älteren angesprochen: »Sag mal – wie alt bist'n du?« – »Na sechse.« »Wat, sechse? Haste denn schon mal 'ne Molle jezischt?« – »Nee.« »Roochste?« – »Nee.« – »Schon mal 'n Meechen jeknutscht?« – »Nee.« »Denn biste ooche keene sechse.« In einem Berliner Hinterhof beugt sich eine Frau aus dem Fenster und ruft nach ihrem vierzehnjährigen Sohn: »Justav! Justav!« Endlich meldet sich Gustav: »Lass mir in Ruhe, Mutta – ick ha' et jrade mit'n Meechen.« Darauf die Mutter, beruhigt: »Ach so. Ich dachte, du roochst schon wieder.«

Übrigens ist der Berliner immer groß darin gewesen und ist es auch noch bis in die heutige Zeit, Denkmälern, Gebäuden und sogar Stadtteilen treffende, respektlose Namen zu verleihen. Am bekanntesten ist der Name für die Kongresshalle, »Schwangere Auster«, dann für die Philharmonie »Zirkus Karajani« und für das Luftbrückendenkmal in Tempelhof, »Hungerharke«. Der bürgerliche Stadtteil Steglitz konnte abfällig zu »St. Eglitz« mutieren. Als um 1900 der Neptunbrunnen aufgestellt wurde, merkte der Berliner sofort spöttisch mit Bezug auf die weiblichen Vier-Ströme-Allegorien am Beckenrand an, dass der Brunnen die interessanteste Sehenswürdigkeit Berlins zeige, nämlich »vier Frauen, die dauernd den Rand halten«.

Radikale Plattitüden

Auf der einen Seite hat die witzige Berliner Rede eine intelligente, ironische, um die Ecke denkende, antithetische Komplexität. Auf der anderen Seite, vielleicht zur Entlastung, trifft man immer wieder auf die platte Richtigkeit, den selbstverständlichen, beinahe dümmlichen Verismus als Gegenpol zur Ironie. Warnungen wie »Fall man nich, sonst fällst de!« oder Lebensweisheiten wie »Mit dem Bezahlen verplempert man des meiste Jeld« und »Jeld alleene macht nich jlicklich, man muss ooch welchet haben« gewinnen ihre Komik aus der überraschenden, unerwarteten Eindimensionalität. Davon lebt die Empörung »Wat, Zunge, die ess ick nich; die hat schon eener im Mund jehabt« ebenso wie auch die übertriebene Verwunderung über einen schlichten Tatbestand: »Müller? Den Namen hab ick doch schon irjendwo jehört.« Dadurch, dass in diversen Witzen die Person, die gefragt wird, auf den allerselbstverständlichsten Tatbeständen beharrt, missversteht sie absichtlich die Frage und verweigert eine weiterführende Antwort, so wie der Gepäckträger am Bahnhof Zoo, der vom eiligen Reisenden gefragt wird: »Sie, wo lässt man sich am besten rasieren?« Der Gepäckträger, keineswegs eilig: »Am besten im Jesicht.« Ähnlich erging es einer Kunsthistorikerin, die im Schloss Charlottenburg den Wärter fragte, wo denn das Bild von Antoine Watteau »Einschiffung nach Kythera« hänge, worauf sich der Wärter nur zu der lapidaren Antwort aufschwang: »An der Wand.«

Obwohl folgender Spruch zunächst auf banalen Allgemeinplätzen beruht, imponiert er schließlich durch seine auftrumpfende Rätselhaftigkeit: »Es jibt sonne und et jibt solche; denn jibt's ooch noch andere, und det sind de Schlimmsten«.

Scherzhafte Definitionen können aus ihrer Auflösung ins Nichts komische Funken schlagen: »Handschuh is, wo man, wenn man keene hat, de Hände ooch in de Hosentaschen stecken kann!« Ähnlich funktioniert auch diese Definition: »Die Jungfernheide heeßt Jungfernheide, weil's in der Hasenheide ooch keene Hasen jibt.«

Infaulenza

Der preußische Drill und das preußische Reglement waren für Berlin über lange Zeiten sehr prägend. In den Witz oder auch in die witzige Rede ist davon allerdings wenig eingedrungen. Sicherlich hatte gerade der Witz die Ventilfunktion, von Druck, Anpassung, Regelhörigkeit und Disziplin zu entlasten und diese zivilisatorischen Anforderungen durch Lachen zu entschärfen. Lediglich die Wendung »det is amtlich« und der Ausdruck für einen Betrunkenen, der »voll wie ne Haubitze« ist, verweisen in die Sphäre von Bürokratie und Militär. Auch der Ausdruck für einen untergeordneten Vorgesetzten, »Unterbambusel«, ist bereits von einer gewissen respektlosen Ironie. Gerade die Forderung nach disziplinierter Arbeit und Leistung wird immer wieder in verschiedenen Sprüchen konterkariert, ja, das Lebensprinzip »Leistungsverweigerung« geradezu gefeiert: »Arbeet is wunderschön; stundenlang kann man zusehen.« Oder: »Wer Arbeit kennt un sich nich drickt, der is varickt.« In dieselbe Richtung zielt der folgende Vers, der dazu auch noch eine komische Mischung aus gestelzter und kolloquialer Sprache enthält:

»Mensch, entschlage dich der Sorjen
Und verschiebe nich uff morjen,
Wat de übermorjen
Ooch noch kannst besorjen.«

Jerührt wie Appelmus – der Berliner und seine Gefühle

Ein grundlegendes Charakteristikum des Berliner Witzes oder überhaupt der Berliner Art besteht in der Verspottung von Gefühlen. Wenn der Berliner gerührt ist, dann ist er, wenn's hoch kommt, »jerührt wie Appelmus«. Schon in den Dialogen bei Adolf Glaßbrenner um 1830 muss nicht nur die Rührung durch Alkohol erträglich gemacht werden, sondern sie muss auch als Vorwand zum Trinken herhalten: »Jießen Sie einen Bittren auf Ihre Rührung.« – »Jeben Se mir mal Ihre Pulle! Ick bin ooch sehr jerührt.« Der Berliner ist durchdrungen von einer grundlegenden Skepsis gegen Pathos, das er als falsches Gefühl abwertet. Vielmehr ist er darauf bedacht, sein Innenleben hinter dicken Mauern von Ironie und Spott zu schützen, um sich bloß nicht angreifbar, gar verletzbar zu machen, wie es auch dieser Vers dringend anrät:

»Ick bitte Dir, ick bitte Dir sehr,
Ick bitte Dir um Jottes willen,
Bloß niemals Dein Privatmalheur
Vor andere zu enthüllen!
Und wat een richt'ger Berliner is,
Der merke sich diese Spitze:
Über det, wat dir det Liebste is,
Reiß Deine schnoddrigsten Witze!«

Daher schätzt der Berliner intime Enthüllungen überhaupt nicht:

»Wenn über eene olle Sache
Mal wieder Jras jewachsen ist,
Kommt sicher een Kamel jeloofen,
Det allet wieder 'runterfrißt.«

Traditionell wird diese gefühlsskeptische Art von Nicht-Berlinern kritisiert als ein unablässiges Bedürfnis, alles Hohe ins Niedrige, alles Große ins Kleine, jedes Pathos ins Ironische herabzuziehen und Emotionen mit Spott zu begegnen. Dass aber das ganze Wesen des Berliners nur in einer »spöttischen Oberflächlichkeit« aufgeht, muss mit Fug und Recht bezweifelt werden. Denn gerade, wer emotional so viel zu schützen hat, wer zu Selbstironie in der Lage ist, wer sein Innerstes panzern muss, verfügt oft über ein reicheres Innenleben und ist verletzlicher als mancher, der sein gefühliges Herz auf der Zunge trägt und in Tränen des Selbstmitleids ausbricht. Das ist das Schöne an der Berliner Art: Selbstmitleid wird durch Selbstironie sehr effektiv in Schach gehalten. Jemandem, dem es nicht hochtrabend und ironiefern um »sein ganzes Selbst« geht, sondern, sehr viel niederschwelliger, um »sein janzet Icke«, ist durchaus eine angenehme Distanz zu sich selbst zuzutrauen. Wenn der Berliner einem Freund oder Bekannten tröstend über ein Ungemach, über ein Unglück hinweghelfen will, dann versucht er ihn mithilfe des Satzes »Ran an'n Sarch un mitjeweent!« aufzubauen, ein Satz, der auch dafür benutzt werden kann, jemanden in forscher Weise zum Mitmachen aufzufordern. Immer wieder spielt in antithetischer Weise der

Tod eine Rolle. So muss sich unter Umständen ein Trauergast, der erzählt, er sei auf dem Weg zu einer Beerdigung, anhören: »Mensch, sind Sie vajniejungssüchtig!« Und auf die konventionelle Zuspitzung »ich lache mich tot« legt der Berliner noch eins drauf, indem er stattdessen sagte: »Ick krieg den Dod in beede Waden!« Ohne mit der Wimper zu zucken, kann er auch von »een piekfeinet Sarchmagazin« sprechen. Jemand, der fröhlich verkündet, er habe sich verlobt, muss mit der misstrauisch-spöttischen Replik »Gegen wen denn?« rechnen.

Der Berliner Wortschatz ist reich an Ausdrücken, die Schönes und Emotionales verformen können. So wird aus der Tänzerin die »Huppdohle«, jemand, der sich fein einkleiden möchte, will sich »inpuppen«, und wer sich geehrt und geschmeichelt fühlt, ist »jefumfeit« oder »jebumfiedelt«. Auf der anderen Seite kann jemand ein Vermögen »verbumfiedeln« oder »verjuchheien«, also durchbringen, und überhaupt alles »verfumfeien«, also alles verderben. Der aufblühenden Natur im Frühling gegenüber kann der Berliner eine unglaubliche Illusionslosigkeit an den Tag legen:

»Nur eenmal blieht
Wenn't keener sieht,

Im Jahr der Mai,
Und zwelfmal blieht de Miete.«

Von einem noch größeren desillusionierenden »Zartgefühl« lebt die Pointe dieses Witzes, die sich wieder um den Tod dreht: Ein Mann wird auf der Straße vom Schlag gerührt und stirbt. Augenzeugen stellen aus Papieren, die sich bei ihm vorfinden, Namen und Wohnung des Toten fest und bitten einen Droschkenkutscher, der sich erbietet, die Leiche nach Hause zu fahren, die Angehörigen schonend vorzubereiten. »Det woll'n wa schon machen«, sagt er und fährt los. Vor dem Hause angelangt, steigt er drei Treppen empor und klingelt. Eine Frau öffnet. »Sind Se vielleicht die Wittwe Schulzen?«, fragt er. Sie erwidert: »Mein Name is Schulze, aber Witwe bin ich nicht.« Er: »Woll'n wa wetten?«

Kasimich und ausjearthurt: Freuden der Grammatik

Was der Berliner Sprache ihren besonderen Reiz, um nicht zu sagen Charme verleiht, ist die originelle Dehnung der Grammatik. Es scheint so zu sein, dass sich die Berliner Respektlosigkeit auch gegen die Regeln der Grammatik wenden kann, denn in der witzigen Umgangssprache werden sie nach Strich und Faden gebrochen. Da kann es falsche Steigerungsformen wie »die Jutesten« statt »die Besten« geben, oder die superlative Wendung »Wär ick man lieberst zu Hause jeblie'n.« Dann wieder kann es sogar unbekannte Steigerungen von Substantiven geben, wie »Det kannste nich in Jahren jutmachen, ja nich ma in Jahrenden« und überhaupt nonchalante Neubildungen von Substantiven wie »Haste denn keene Vastehste?« oder »ein Beportefeuillter«, der nichts anderes ist als jemand mit einer dicken Brieftasche. Auch können originelle Zusammenziehungen wie »obste« statt »ob du« oder »wennste« statt »wenn du« auftauchen, sodann neuartige Adjektive wie »Mir is sehr philisoffiererich« und auch zu einem Konzentrat zusammengezogene neue Verben, die eigentlich einen ganzen Satz beinhalten. So kann der vollständige Satz »Die Freundschaft mit Arthur ist vorbei« blitzschnell zu »Det hat sich ausjearthurt« komprimiert werden, so heißt es, wenn es keine Torte mehr gibt, »Det hat sich ausjetortet« oder wenn die Hochzeit geplatzt ist, »Et hat sich ausjebräutjamt«. Wie universal nutzbar diese Art von Zusammenziehungen ist, wird schon in

Glaßbrenners »Straßenbildern« deutlich, wenn ein Betrunkener, der keinen Spritzkuchen kaufen will, seine Ablehnung mit »Hier wird nischt gespritzkuchent« deutlich macht. Ebenso sagt der Eckensteher Nante zu seinem gefräßigen Sohn: »Warte, ick wer' dir bebratwurschten!« Vor allem in den historischen Dialogen Glaßbrenners oder Holteis aus der Zeit um 1850 herum taucht immer wieder die starke Beugung schwacher Verben auf, die mit dieser bewussten Regelverletzung einen Anschein von höherer Bildung erweckt und gerade dadurch Komik erzeugt: Da kann es »anjemorken« statt angemerkt heißen, »blamoren« statt blamiert, »jeforben« statt gefärbt, »jeschonken« statt geschenkt. Und in den Wendungen »Wünschen Sie vielleicht zu Hause beglitten zu sind?« und »Der is janz schön von sich überzogen« sind die Partizipien manchmal fast unverständlich und man braucht einen Moment, bis man auf begleitet und überzeugt kommt.

Allerdings ist die vom Hochdeutschen abweichende Verwendung von »mir« und »mich« im Berlinischen kein Regelbruch, sondern Bestandteil der Grammatik des Berliner Dialekts, über den es sogar sprachwissenschaftliche Abhandlungen gibt (Hans Meyer, »Der richtige

Berliner«). Durch den Zusammenstoß mit dem Hochdeutschen aber ist dem Berliner diese sprachliche Abweichung durchaus bewusst und an ihr entzünden sich etliche Witze und witzige Anekdoten. Überliefert ist der Dialog zwischen einem Reichstagsabgeordneten namens Hoffmann in einem Untersuchungsausschuss und einem betrügerischen Kaufmann, welcher hochmütig sagt: »Ich lehne es ab, mich mit Ihnen zu unterhalten, Sie verwechseln ja ständig mir und mich!« Kaum hatte er ausgesprochen, erwiderte Hoffmann: »Det isso, is aba nich strafbar. Sie aba verwechseln ständig mein und dein, und deswejen sind Sie hier und müssen mir antworten!« Über diese Anekdote schreibt Hans Meyer begeistert: »Das kann man alles auch hochdeutsch sagen, doch blitzt es nicht so schön. Das Berlinische hat den Unschuldsglanz des Naiven.«

Sehr schön ist auch die Resistenz, die die Schülerinnen und Schüler vor den Verbesserungen ihrer Lehrerinnen feit. So spielen ein paar Mädchen Reifen, als Dora sagt: »Else, lass mir mal springen!« Die Lehrerin, die gerade vorbeigeht, verbessert: »Aber Dora, lass *mich* mal springen!« Da antwortet Dora gutmütig: »Na ja, Else, lass ihr mal springen!« Und ein Junge sagt zu seiner

Lehrerin: »Frollein, es blitzt hinten bei Sie!« Das Fräulein sagt lächelnd: »Es heißt bei Ihnen, nicht bei Sie!« Darauf der Junge überlegen: »Zu Jroßen sagt man immer Sie!«

Charmante Selbstironie, die diese grammatikalische Besonderheit des Berlinischen thematisiert, spricht aus einem Poesiealbumspruch, der in einem blitzgescheiten Sprachspiel gipfelt:

»Ich liebe dir, ick liebe dich –
Wie's richtig is, ick weeß es nich,
Un's is mich ooch Pomade.
(...)
Ick liebe dir! Ick liebe dich!
Wie' richtig is, ick weeß et nich,
Doch klopft mein Herz so schnelle!
Ick lieb nich uff den dritten Fall,
Ick lieb nich uff den vierten Fall –
Ick lieb' uff alle Fälle.«

In dieses Fach gehört auch der kurze Dialog, in dem die Geliebte bittet: »Küss mir, Kasimir.« Er verbessert: »Mich, Liebling, mich.« Sie, resistent und dahinschmelzend: »Küss mir, Kasimich.«

Und aus der Bildunterschrift einer Zillezeichnung, in der ein Proletarier sich bei seiner Frau über das eintönige Essen beklagt, stammt diese grammatikalische Überkugelung: »Schon widder

Kohl ohne Fleesch als Beilage. Ick eßte doch jestern erscht …« Sie: »Es heeßt nich: Ick eßte. Man sacht: ick aß!« Er: »Uff dir mahch ja det stimm. Ick brauch mir nich Aas nennen!«

In diesem Dialog schmiedet der Mann aus der grammatikalischen Verbesserung seiner Frau blitzschnell eine verbale Waffe gegen sie und zeigt damit, was den Berliner Witz typisch macht, nämlich Tempo, Wortspiele, Schlagfertigkeit und auftrumpfender Angriff.

Auch heute gibt es in Berlin immer noch Kneipen, in denen hemmungslos berlinert wird. Immer wieder sind treffende Bemerkungen auch in Geschäften zu hören. So kann eine Kassiererin unbeeindruckt zu einem schreienden Kleinkind an der Schlange vor der Supermarktkasse sagen: »Heul mal ruhig weiter – brauchste einmal weniger pullern!« Und auf dem Flohmarkt muss ein Kunde, der sich lange den Trödel an einem Stand anschaut, ihn in die Hand nimmt und der sich schließlich, ohne etwas gekauft zu haben, mit »Danke« verabschiedet, mit der entnervten Reaktion des Berliner Händlers rechnen: »Danke – hab ick den janzen Keller voll. Krieg ick die Türe schon nicht mehr zu. Muss ick schon anbaun!« Und der Bühnenkünstler Falko Hennig gibt mit

Genuss die Antwort eines Lebensmittelhändlers auf seine Frage wieder, ob der Wein, den er zu kaufen beabsichtigt, auch wirklich trocken sei: »Der ist so trocken, da kannste deine Haare mit föhnen.«

Berlin war immer eine Stadt des Zuzugs, der Stadtviertel, der Kieze. Obwohl es die klassischen Milieus nicht mehr gibt, die für die Herausbildung des Berliner Dialekts und des Witzes sehr förderlich waren, werden, auch mit Blick auf die kabarettistischen und komödiantischen Shows, die Schlagfertigkeit, die Lust an Widerworten und der Sinn für Sprachspiele und Übertreibungen in Berlin nicht aussterben. Der Berliner Witz ist tot – es lebe der Berliner Witz!

Bibliografische Information der Deutschen Nationalbibliothek: Die Deutsche Nationalbibliothek verzeichnet diese Publikation in der Deutschen Nationalbibliografie; detaillierte bibliografische Daten sind im Internet über http://dnb.d-nb.de abrufbar.

Zu Fragen der Produktsicherheit wenden Sie sich bitte an herstellung@bebraverlag.de

2. Auflage 2025

Asternplatz 3, 12203 Berlin
post@bebraverlag.de
Lektorat: Marijke Leege-Topp, Berlin
Umschlag: Goscha Nowak, Berlin (Foto: akg-images)
Satz: typegerecht berlin
Schriften: Korolev, Stempel Garamond
Druck und Bindung: Finidr, Český Těšín
ISBN 978-3-8148-0310-4

www.bebraverlag.de

MIX
Papier aus verantwortungsvollen Quellen
FSC® C014138